CARTAS A UN JOVEN POETA

RAINER MARIA RILKE

CARTAS A UN JOVEN POETA

EDICIONES OBELISCO

Si este libro le ha interesado y desea que le mantengamos informado
de nuestras publicaciones, escríbanos indicándonos qué temas son
de su interés (Astrología, Autoayuda, Ciencias Ocultas, Artes Marciales,
Naturismo, Espiritualidad, Tradición...) y gustosamente le complaceremos.

Puede consultar nuestro catálogo en www.edicionesobelisco.com

Colección Narrativa
CARTAS A UN JOVEN POETA
Rainer Maria Rilke

1.ª edición en formato bolsillo: abril de 2021

Título original: *Briefe an eine jungen Dichter*

Traducción: *Antoni Pascual i Piqué* y *Constanza Bernad Ribera*
Diseño de cubierta: *Enrique Iborra*

© 1996, Antoni Pascual i Piqué para el Prólogo
(Reservados todos los derechos)
© 1996, Ediciones Obelisco, S. L.
(Reservados los derechos para la presente edición)

Edita: Ediciones Obelisco, S. L.
Collita, 23-25. Pol. Ind. Molí de la Bastida
08191 Rubí - Barcelona - España
Tel. 93 309 85 25
E-mail: info@edicionesobelisco.com

ISBN: 978-84-9111-735-3
Depósito Legal: B-26.064-2010

Impreso en Black Print CPI Ibérica, S. L., c/ Torre Bovera, 19-25
08740 Sant Andreu de la Barca - Barcelona

Printed in Spain

PRÓLOGO

«Aguas inagotables, infinitamente llenas de
vida, van por antiguos acueductos hacia
la gran ciudad y danzan en muchas
plazas sobre conchas blancas de
piedra, murmuran de día y
realzan su murmullo de
noche».

Así contempló Rilke las fuentes romanas. Así son sus
Cartas a un joven poeta, *esos diez fragmentos de vida
que van hacia el lector desde aquella otra ciudad, invisible y
eterna, silenciosa y feliz que, poco a poco, se edifica más allá
de la superficie ruidosa e inquieta de lo que llaman historia.
Las* Cartas a un joven poeta —*vino delicioso que no se
puede dejar de beber cuando se lo ha saboreado en tiempo
oportuno— no son, pues, un tratado de estética. Rilke no habla*

7

en ellas de cómo se hacen versos —más bien, de cómo no se hacen—. En ellas habla del camino hacia una vida presentida como plenitud y belleza que enamoran y atraen. Rilke, que anduvo hacia su propia humanidad, místico, poeta y pensador —hombre, sobre todo—, es un maestro del espíritu obstinadamente fiel a lo que sentía como misión propia: dar un testimonio de la Vida total, contagiar la presencia del Viviente que en ella anida, que inspira y fortalece, que liberando del miedo a la muerte, transfigurada en hermana y amante, nos ayuda a descubrir el gozo incondicional de vivir y de ser. Las Cartas a un joven poeta se tendrían que llamar, pues, Cartas al aprendiz de hombre. Porque llegar a ser lo que estamos llamados a ser, lo en realidad ya somos, requiere un prolongado, lúcido y paciente aprendizaje. Es fruto de una iniciación. Y esta es justamente la fuente subterránea de estas muchas confidencias.

★★★

Seres lúcidos lo presienten: vivimos un tiempo de diluvio universal, invisible, sí, pero no por ello menos explosivo. Sus signos patentes son la crisis energética y económica, el paro —llamada al ocio y al silencio— imparable y creciente, la guerra entre vecinos que amenaza con garras gigantes, arma terrible en manos de los débiles de siempre para achicar la conciencia progresivamente miedosa y restringida de los súbdi-

tos que creen elegirlos. Muchos signos parecen anunciar el fin de un mundo de conciencias cerradas, de individualidades aisladas, separadas, que se imaginan vivir unidas cuando sólo se amontonan unas sobre otras, desconfiadas, mediocres y hostiles.

Aguas inconscientes —aquellas aguas del Génesis— fuerzas infinitas, rechazadas por la superstición de la ciencia, por la irracionalidad de la razón racionalista, por la fantasía sin imaginación del progreso indefinido, por el tormento de la moral impuesta tanto por las derechas como por las izquierdas (los puritanos siempre son espiritualmente mancos), se abren paso a codazos. Quieren manifestarse, estallar, tanto si nos gusta como si no.

Por lo mismo, ya no podemos creer a los ideólogos, caudillos o pastores del rebaño. Imperceptiblemente, imparablemente, está llegando, quizá, la hora final del espíritu: la hora de ahondar en nosotros mismos, de escuchar y obedecer a aquella alma antigua y nuestra, más vieja que la historia y más duradera que ella, que conoce por dentro la biografía interior del ser que nos habita y que en nosotros, como un embrión, poco a poco, se trenza. Ella, invisible, poderosa y segura, nos habla en sueños y azares sagrados, en frustraciones, yerros y absurdos aparentes, en silencios plenos, súbitos y felices, en inspiraciones fulminantes que exigen todo nuestro trabajo y nos fuerzan a salir del callejón sin salida en el que nos habían metido la ignorancia y el error de los siglos. Aquella alma que, si la escuchamos, si nos dejamos conducir por ella, abre la puerta del corral y nos saca del rebaño que va de cabeza al matadero, nos contagia el vuelo del ave libre y feliz. ¿Juan Salvador Gaviota, por tanto? No, Rainer Maria Rilke, un hombre amasado con la misma carne y sangre que nosotros, atenazado por el miedo, quizá más que nosotros, traspasado de angustia y de ansiedad, de imposible soledad, pero que supo ser uno con su alma —suya y nuestra— y se convirtió, grande, en médico de sí mismo, de su tiempo y de su tierra, nuestro Occidente entumecido.

«No se imagine —confesó a su destinatario, el joven poeta por él frustrado— que quien intenta darle algo de consuelo, viva sin esfuerzo en medio de las silenciosas y sencillas palabras que de vez en cuando le hacen bien; la vida de quien las escribe no tiene fatiga y tristezas. De no ser así, nunca habría podido encontrar tales palabras».

De esta manera, todas y cada una de sus frases poseen aquel timbre de verdad que no hay que demostrar. Quien las lea y relea, quien las viva tan a fondo como pueda, experi-

mentará su fecundidad. Nunca hubiéramos podido esperar encontrar unos textos tan veraces, tan sinceros y auténticos como estas diez cartas. Sin ellas nuestra vida habría sido distinta.

★★★

Durante más de veinte años sólo tuvieron un único lector. Tres años después de la muerte de Rilke, en 1929, fueron recogidas, seleccionadas y publicadas, como si Rilke, que tanto había cantado la fuerza y la vida de los que llamamos muertos, volviera a hablar con confidencia y poder, no desde aquel solitario y alzado sepulcro en la tierra del montículo de Raron, cerca de Sierre, en el Valais suizo, junto a un templo de piedra —extra muros ecclesiae— sin más protección que una rosa amada y amante, sino desde esta diez cartas que comenzó cuando tenía veintiocho años y en las que nos dejó su retrato, el fruto de su experiencia y la intuición anticipada de su destino. A partir de entonces, ininterrumpidamente, fueron oídas, recibidas y amadas por centenares de miles lectores. Y cuanto más tiempo discurre, cuanto más urgida y crítica se hace la historia, más contemporáneas las sentimos. ¡Cuánta verdad en lo que, lúcido, decía don Antonio Machado en su Juan de Mairena: «Quien no habla a un hombre no habla al hombre. Quien no habla al hombre no habla a nadie». ¡Qué contraste entre los manifiestos tan sonoros como rápidamente olvidados de los políticos y pastores, dichos o escritos para todos y en los que nadie se reconoce, y estas sencillas y escasas palabras remitidas a un joven tímido que pedía para sus versos el asentimiento del poeta y topó con el «¡no!» del hombre! Yo he visto este libro menudo y fascinante, casi siempre acompañado de una rosa, en la cabecera del lecho de personas que agonizaban, de mujeres que iban a dar a luz y tenían miedo: sentían la presencia cálida y atenta del ser recio y tierno que fue Rilke: «Llámame si una hora te es abrupta y no quiere ser benigna contigo» dijo en sus inagotables y difíciles Sonetos a Orfeo, y no son pocos los vivos que en, medio del absurdo y de la prueba, lo han sentido cerca, como compañero firme y silencioso. «Rilke lebt!», «¡Rilke vive!» leí en el libro de firmas del diminuto museo de Sierre, dedicado al poeta, que llenó de gloria el lugar cuando habitó entre viñas y pámpanos en el castillo de Muzot. La existencia de Rilke fue y es algo bello, una obra de arte y, como la obra de arte, en palabras suyas, es un «ser misterioso, cuya vida perdura». Soy testigo de lo dicho. Hace muchos años conocí estas cartas. De su autor casi no sabía nada. Sólo el nombre y que había sido poeta. Yo, arrojado del templo religioso y gustando lo sagrado de la vida, estrenaba una existencia nueva en una isla blanca —¡dulce exilio!— sobrevolada por gaviotas, por el sol y por el viento, una isla desnuda y libre. Estaba cerca de un mar de primavera. Abrí el libro al azar, por donde saliera. Era la carta octava:

«*Hemos de aceptar nuestra existencia tan ampliamente como nos sea posible. Todo, también lo inaudito, ha de ser posible en ella. Esta es, en el fondo, la única audacia que se nos pide: ser valientes ante lo más extraño, prodigioso e inexplicable que nos pueda suceder*».

Imposible seguir. La luz surgió deslumbrante. Quien estaba solo y era uno, se convirtió en dos. Rilke se sentó a mi lado. Contempló largo rato el mar en silencio. Ya no me ha dejado. A él, pues, estas páginas. A él y a quien conmigo lo ha amado, hasta ir a Ronda, el año de su centenario (quizá la única celebración en nuestra tierra, la que Rilke hubiera deseado), para abrazarse, alegre y feliz, con su estatua de bronce que sigue mirando hacia aquellos montes lejanos de la serranía rondeña en el jardín del hotel Reina Victoria y que ahora es madre de mis hijos, hermana y esposa. No estará de más que estos tres niños, nuestros hijos —la segunda nació el día que concluía una traducción de la carta octava; el pequeño empezó a dar señales de su venida justo después de acabar un seminario oral sobre el poeta— sepan que Rilke fue algo así como su abuelo y que un día, cuando sin padre ni madre anden hacia sí mismos, lo sientan hermano en la arriesgada aventura del vivir. Sé que no les puedo desear una herencia

mejor, a ellos y a quienes ahora son niños y que un día leja-
no, estoy seguro, seguirán leyendo las cartas de Rilke en algu-
na imposible traducción, quizá en ésta, que ahora prologo y en
la que he colaborado con gozo y provecho. En ellas podrán
encontrar inocencia, esperanza y aliento, descubrir caminos y
atajos. En ellas se les abrirá aquella filosofía perenne que es
el agua oculta de la historia, la eterna sabiduría, siempre nueva
y variada, siempre idéntica a sí misma, de nuestra alma a la
vez niña y anciana, ya antigua y aún por venir.

Antoni Pascual
Flaçà, 3 de junio de 1984
Sant Celoni, 30 de julio de 1995

INTRODUCCIÓN

Sucedió a finales de otoño de 1902. Yo me encontraba sentado en el parque de la Academia Militar de Wiener-Neustadt, bajo unos castaños seculares, y leía un libro. Estaba tan absorto en la lectura que casi no me di cuenta de que se me acercaba el único profesor no militar de nuestra academia, el erudito y bondadoso sacerdote Horacek. Tomó el libro de mis manos, observó la cubierta y meneó la cabeza: «¿Poesías de Rainer Maria Rilke?», preguntó pensativo. Después hojeó el libro, leyó por encima algunos versos; miró, meditabundo, a lo lejos y, finalmente, hizo un gesto afirmativo con la cabeza: «Vaya, con que el interno René Rilke ha llegado a ser poeta...».

Y así supe de aquel muchacho delgado y pálido, a quien sus padres, hacía más de quince años, habían internado en la escuela militar de Sankt-Pölten para que, con el tiempo, llegara a ser oficial. Por aquel entonces, Horacek era el capellán de la escuela y ahora recordaba al antiguo interno con precisión. Me lo describió como un muchacho tranquilo, serio, muy capaz. Le gustaba mantenerse aparte, soportaba con paciencia la presión de la vida en el internado y al terminar el cuarto año se trasladó con los demás compañeros a la Escuela Militar Superior que se encontraba en Märisch Weisskirchen. Allí comprobó con toda certeza que su constitución no era lo bastante fuerte, por lo que sus padres lo sacaron de la escuela y lo llevaron a su casa de Praga para allí proseguir los estudios. Pero Horacek ya no tenía más datos acerca del desarrollo de su vida posterior.

Es fácil comprender que, después de aquella conversación, en esa misma hora, yo me decidiera a enviar mis tanteos poéticos a Rainer Maria Rilke y a pedirle su opinión al respecto.

No había cumplido aún los veinte años, estaba en el umbral de una profesión que sentía contraria a mis inclinaciones. Esperaba que si en alguien había de hallar comprensión, ese alguien había de ser precisamente el autor del libro *Para celebrarme*. Y casi sin querer escribí una carta de presentación para mis versos en la que me abría a una segunda persona con tanta sinceridad como nunca había hecho antes y como jamás volvería a hacerlo.

Pasaron muchas semanas hasta que llegó la respuesta. La carta certificada era de color azul, llevaba matasellos de París, pesaba y la letra del sobre mostraba los mismos trazos claros, armoniosos y seguros con los que estaba escrito el texto desde la primera hasta la última línea. Y así comenzó mi correspondencia regular con R.M.R., que se prolongó hasta finales de 1908. Después, se extinguió poco a poco porque la vida me condujo a dominios de los cuales, precisamente, me había querido preservar la solicitud cálida, delicada y entrañable del poeta.

Pero eso no tiene ninguna importancia. Importantes son sólo las diez cartas que ahora siguen. Importantes para el conocimiento del mundo en el que R.M.R. vivió y creó; también lo son para muchos de hoy y de mañana que crecen y se van haciendo. Pero donde habla aquel que es grande y único, los pequeños tienen que guardar silencio.

FRANZ XAVER KAPPUS
Berlín, junio de 1929

Carta Número 1 ⅏

París, 17 de febrero 1903

Apreciado señor:

Su carta me llegó hace pocos días. Quiero darle las gracias por su confianza, grande y afectuosa. No está en mi mano hacer mucho más. No puedo entrar en detalles sobre la forma de sus versos, puesto que me siento muy lejos de cualquier intención crítica. No hay nada menos apropiado para aproximarse a una obra de arte que las palabras de la crítica: de ellas se derivan siempre malentendidos más o menos desafortunados. Las cosas no son tan comprensibles ni tan formulables como se nos quiere hacer creer casi siempre; la mayor parte de los acontecimientos son indecibles, se desarrollan en un ámbito donde nunca ha penetrado ninguna palabra. Y lo máximamente indecible son las obras de arte, existencias llenas de misterio cuya vida, en contraste con la nuestra, tan efímera, perdura.

Anticipándole esta observación, sólo puedo decirle que sus versos no tienen forma propia. Poseen, sí, silenciosos y escondidos puntos de partida hacia lo personal. Donde más claro lo siento es en el último poema *Mi alma*. En él, algo propio quiere traducirse en palabra y melodía. Y en la hermosa composición A *Leopardi* se alza quizás un cierto parentesco espiritual con ese gran poeta solitario. Sin embargo, a pesar de esto, los poemas no son nada por sí mismos ni son independientes; ni siquiera el último o el dedicado a Leopardi. La amable carta con que los acompañaba no yerra al explicarme algunos defectos que ya percibí al leer sus versos, sin poder, al mismo tiempo, nombrarlos.

Pregunta si sus versos son buenos. Me lo pregunta a mí. Antes lo ha preguntado a otros. Los envía a revistas. Los compara con otros poemas, se inquieta cuando ciertas editoriales rechazan sus intentos. Ahora (ya que me ha autorizado a aconsejarle), ahora le pido que deje todo esto. Usted mira hacia fuera y precisamente esto, en este momento, no le es lícito. Nadie puede aconsejarle ni ayudarle, nadie. Sólo hay un medio. Entre en sí mismo. Investigue el fundamento de lo que usted llama escribir; compruebe si está enraizado en lo más profundo de su corazón; confiésese a sí mismo si se moriría irremisiblemente en el caso de que se le impidiera escribir. Sobre todo, pregúntese en la hora más callada de su noche: ¿*Debo* escribir? Excave en sí mismo en busca de una respuesta que venga de lo profundo. Y si de allí recibiera una respuesta afirmativa, si le fuera permitido responder a esta seria pregunta con un fuerte y sencillo «debo», construya su vida en función de tal necesidad; su vida, incluso en las horas más indiferentes e insignificantes, ha de ser un signo y un testimonio de ese impulso. Después, aproxímese a la naturaleza e intente decir como el primer hombre qué ve y experimenta, qué ama y pierde.

No escriba poemas de amor. Al principio, eluda aquellas formas que son las más corrientes y comunes; son las más difíciles, puesto que se requiere una fuerza grande y madura para expresar una personalidad propia allí donde existen en gran medida tradiciones buenas y, en parte, hermosas. Por eso, póngase a salvo de todos los motivos generales y preste atención a lo que su propia vida cotidiana le ofrece; describa sus tristezas y anhelos, los pensamientos fugaces y la fe en algo bello; descríbalo todo con sinceridad íntima, callada y humilde y, para expresarse, sírvase de las cosas que le rodean, de las imágenes de sus sueños y de los objetos de sus recuerdos.

Si su vida diaria le parece pobre, no se queje de ella; quéjese de usted mismo, dígase que aún no es lo bastante poeta como para convocar su riqueza, pues para el creador no existe pobreza ni lugar pobre o indiferente. Y si usted estuviera encerrado en una prisión, y sus muros no dejaran llegar a sus sentidos ningún rumor venido de fuera, ¿no seguiría teniendo su infancia, esa riqueza deliciosa y regia, ese lugar mágico de los recuerdos? Dirija hacia allí su atención. Intente desenterrar las sensaciones sumergidas de ese pasado lejano; su personalidad se fortalecerá, su soledad se hará más grande hasta convertirse en una estancia en penumbra donde el estrépito de los otros pasará de largo, a lo lejos.

Y si de ese retorno hacia dentro, de esa inmersión en su propio mundo, surgen versos, no se le ocurrirá preguntar a nadie si son buenos o no. Tampoco intentará interesar a las revistas, pues verá en ese trabajo su propiedad amada y natural, un fragmento y una voz de su vida. Una obra de arte es buena cuando surge de la necesidad. En esta cualidad de su origen reside su juicio crítico: no existe otro. Por eso, mi muy apreciado señor, no sé darle otro consejo: camine hacia sí mismo y examine las profundidades en las que se origina su vida. En su fuente encontrará la respuesta a la pregunta de si *debe* crear. Acéptela tal como venga, sin interpretarla. Quizá surja la evidencia de que usted está llamado a ser artista. De ser así, acepte ese destino y sopórtelo con toda su carga y grandeza, sin esperar recompensa que pueda venir de fuera: el creador ha de ser un mundo para sí y lo ha de encontrar todo en sí mismo y en la naturaleza con la que se ha fundido.

Pero quizás, tras ese descenso a sí mismo y a su soledad, deba usted renunciar a ser poeta (basta con que sienta, como le he dicho, que podría vivir sin escribir para que ya no le sea permitido en absoluto hacerlo). Pero también, este recogimiento que le he brindado, no habrá sido en balde. Sea lo que sea, su vida, a partir de aquí acertará a encontrar sus propios caminos, y yo le deseo, más allá de lo que le puedo expresar, que sean propios, ricos y amplios.

¿Qué más le puedo decir? Me parece que los acentos están donde deben estar. Finalmente, querría también aconsejarle que, a través de su desarrollo, su crecimiento sea serio y callado. Nada puede estorbarlo con mayor violencia que mirar hacia fuera y de allí esperar una respuesta a preguntas que quizá sólo su más íntimo sentimiento, en los momentos más silenciosos, puede acaso responder.

Me alegró mucho encontrar en su escrito el nombre del profesor Horacek. Ese hombre, tan sabio y amable, me merece un gran respeto y conservo hacia él un agradecimiento que se prolonga con los años. Se lo ruego, comuníquele mis sentimientos; es muy amable por su parte que aún me recuerde, y sé apreciarlo.

Le devuelvo los versos que usted tan amistosamente me ha confiado. Y le doy las gracias una vez más por su grande y sincera confianza, de la que he intentado hacerme un poco más merecedor de lo que en realidad soy —usted no me conoce—, a través de una respuesta sincera, dada con lo mejor que sé.

Con toda lealtad y simpatía.

Rainer Maria Rilke

Carta Número 2 ❧

Viareggio, cerca de Pisa (Italia)
5 de abril de 1903

Habrá de perdonarme, querido y apreciado señor, que hasta hoy no haya recordado, agradecido, su carta del 24 de febrero. Durante todo este tiempo no me he sentido en forma, no exactamente enfermo, pero sí acosado por una debilidad de tipo gripal que me incapacitaba para todo. Finalmente, como este estado no quería cambiar de ningún modo, me vine a este mar del sur, cuya benignidad ya me ayudó en otra ocasión. Pero aún no estoy restablecido del todo; escribir se me hace pesado. Por lo mismo, debe aceptar estas pocas líneas como si, en realidad, fueran más.

Naturalmente, usted ha de saber que siempre me alegrará recibir carta suya y deberá ser también benévolo con la respuesta, que quizá le dejará a menudo con las manos vacías. Porque, en el fondo y precisamente en las cosas más profundas e importantes, estamos indeciblemente solos y, para que uno pueda aconsejar o ayudar a otro, tienen que ocurrir muchas cosas, muchas cosas han de producirse, toda una constelación de acontecimientos ha de suceder para que por una sola vez el consejo llegue a buen puerto.

Hoy quería decirle tan sólo esto:

Sobre la ironía: no se deje arrastrar por ella, especialmente en los momentos no creativos. En los creativos, intente utilizarla como un medio más para captar la vida. La ironía, utilizada con autenticidad, es también auténtica y usted no tiene por qué avergonzarse de ella. Y si se siente demasiado confiado en su compañía, tema esa creciente confianza y vuélvase entonces a objetos grandes y serios, ante los cuales usted se sentirá pequeño y débil.

Busque lo hondo de las cosas. Allí no desciende la ironía. Y si la lleva al límite de lo grandioso, compruebe si esa forma de comprensión surge de una necesidad de su ser. Porque, bajo la influencia de lo que es serio, le abandonará (cuando sea fortuita) o, de lo contrario (si pertenece verdaderamente a algo nacido en su interior), se fortalecerá como una herramienta muy firme que usted pondrá entre los medios con los que configurará su arte.

Lo segundo que quiero contarle hoy es esto:

De todos mis libros sólo algunos, más bien pocos, me son indispensables. Pero hay dos que siempre están entre mis cosas y que me acompañan vaya donde vaya. Los tengo aquí, al alcance de la mano: son la Biblia y los libros del gran poeta danés, Jens Peter Jacobsen. Me pregunto si usted conoce sus libros. Puede conseguirlos fácilmente, porque una parte de su obra ha aparecido en Reclams-Universal-Bibliothek, muy bien traducida. Adquiera el tomo Seis Novelas de J.P. Jacobsen y su novela *Niels Lyhne*. Comience con el primer tomo de la primera novela que se llama *Mogens*. Acudirá a usted un mundo, la dicha, la riqueza, la incomprensible grandeza de todo un universo. Viva un tiempo en esos libros, aprenda de ellos todo lo que le parezca digno de ser aprendido, pero, sobre todo, ámelos. Este amor le será mil veces recompensado y, cuando su vida llegue a desarrollarse, estoy convencido de que este amor irá a través de la trama de su devenir como uno de los más importantes hilos conductores de sus experiencias, decepciones y alegrías.

Si tengo que decir con quién experimento algo de la esencia del crear, de su profundidad y eternidad, sólo puedo dar dos nombres: el de Jacobsen, el gran, gran poeta, y el de Auguste Rodin, el escultor incomparable entre todos los artistas de hoy.

¡Y mucha suerte en su camino!

Suyo,

Rainer Maria Rilke

Viareggio, cerca de Pisa (Italia)
23 de abril de 1903

Me ha dado, querido y apreciado señor, una gran alegría con su carta de Pascua, pues decía cosas muy buenas de usted, y la forma en que me hablaba del amado y grandioso arte de Jacobsen me ha mostrado que no me equivoqué cuando conduje su vida y sus muchas preguntas a esa plenitud.

Ahora se le abrirá *Niels Lyhne*, un libro de delicias y profundidades; cuanto más se lee, tanto más parece que todo está en él, desde el más leve aroma de la vida hasta el rotundo y recio sabor de sus frutos más graves. Allí no hay nada que no haya sido comprendido, concebido, experimentado y reconocido en la resonancia vibrante del recuerdo; ninguna experiencia ha sido demasiado pequeña, y el más diminuto acontecimiento se revela como un destino, y el destino mismo es como un maravilloso y amplio tapiz en el que cada hilo es llevado por una mano cariñosa e infinita, puesto junto a otros y soportado por otros cien. Usted experimentará la gran dicha de leer este libro por primera vez e irá, de asombro en asombro, como por un sueño nuevo. No obstante, le puedo decir que más tarde se continúa yendo con el mismo embeleso a través de estos libros, que no pierden nada de su maravilloso poder y que no se desprenden de la magia con la que colman ya al lector primerizo.

Cuanto más se releen más se saborean y hacen que uno se sienta más agradecido y de alguna manera mejor y más sencillo en la percepción, más profundo en la fe en la vida y, ya en la vida misma, más dichoso y grande.

Y más tarde tiene usted que leer el maravilloso libro sobre el destino y el anhelo de Maria Grubbe, las cartas, diarios y fragmentos de Jacobsen, y finalmente sus versos, que (aunque traducidos mediocremente) viven con interminable resonancia. De paso, le aconsejaría que comprara la hermosa edición de las obras completas de

Jacobsen. Aparecieron en tres tomos y están bien traducidas por Eugen Diederich en Leipzig y cada tomo cuesta, creo, sólo cinco o seis marcos.

Con respecto a su opinión sobre *Aquí deberían crecer rosas* (esa obra que posee una forma y una delicadeza incomparables) tiene usted toda, toda la razón contra el que ha escrito el prólogo. Le ruego que, a ser posible, lea pocas cosas de carácter estéticocrítico; o son opiniones partidistas, rígidas y sin sentido en su endurecimiento carente de vida, o son hábiles juegos de palabras con los que hoy triunfa una opinión y mañana la contraria.

Las obras de arte son soledades infinitas y con nada son menos alcanzables que con la crítica. Sólo el amor puede comprenderlas, celebrarlas y ser justo con ellas. Dése siempre a usted mismo y a su sentimiento toda la razón frente a cualquier polémica, discusión o introducción; y si usted estuviera equivocado, el crecimiento natural de su vida interior le conducirá lentamente y con el tiempo hacia otros conocimientos. Deje que sus juicios tengan su desarrollo propio, tranquilo e ininterrumpido, que, como todo progreso, debe venir, profundo, de dentro, y por nada puede ser presionado ni precipitado. Todo es gestar y después parir. Permitir que llegue a madurar cada impresión, cada germen de un sentimiento por completo en sí mismo, en lo oscuro, en lo indecible, en lo inconsciente, en todo lo inalcanzable para el propio entendimiento, y aguardar con profunda humildad y paciencia la hora del parto de una nueva claridad; sólo así se vive artísticamente, tanto en la comprensión como en la creación.

Aquí el tiempo no cuenta; un año no importa y diez años no son nada; ser artista significa no calcular ni medir; madurar como el árbol que no apremia su savia y se yergue confiado en medio de las tormentas de primavera, sin miedo a que después pueda no llegar el verano. Pero el verano siempre acude. Sin embargo, acude sólo para los pacientes, para aquellos que tienen ante sí toda la eternidad, tan libres de cuidado, serenos y distendidos. Lo aprendo a diario, lo aprendo en el dolor. Estoy muy agradecido al dolor. ¡Todo es paciencia!

Richard Dehmel: Me sucede con sus libros (y, dicho sea de paso, también con su persona a la que sólo conozco superficialmente) que cuando alguna de sus páginas me ha parecido hermosa, temo que la siguiente lo destroce todo y transforme lo amable en indeseable. Usted lo ha caracterizado de una forma absolutamente acertada con la palabra «vivir y crear en celo». Y la verdad es que la experiencia artística se halla tan increíblemente cerca de la sexual, tanto en su dolor como en su gozo, que ambas manifestaciones son sólo formas diferentes de un mismo anhelo y dicha. Y si fuera lícito decir en vez de celo, *sexo*, sexo en sentido grande, amplio, auténtico, sin dejar que se contamine con ninguna errónea pecaminosidad eclesiástica, su arte sería grande y vigoroso, y su importancia infinita.

Su fuerza poética es grande y vigorosa como un instinto primario; posee ritmos propios y vehementes, y cae como un alud que se precipitara desde lo alto de un monte.

Pero parece que esa fuerza no siempre es sincera ni está libre de afectación. (Claro que esto es también una de las pruebas más difíciles para el creador: debe permanecer siempre inconsciente de sus mejores virtudes si no quiere despojarlas de su independencia e integridad.) Y cuando la vida tumultuosa, a través de su ser, desemboca en lo sexual, no encuentra ningún ser humano tan auténtico como sería preciso. Ahí no hay un mundo sexual maduro y genuino, hay un sexo que no es lo bastante humano, que es sólo viril, que es celo, embriaguez y desasosiego, y está sobrecargado con los viejos prejuicios y soberbias con que el varón ha lastrado y desfigurado el amor. Porque sólo ama como varón y no como persona, en su sentimiento sexual hay algo mutilado, visiblemente salvaje, hostil, temporal, perecedero, que deforma su arte y lo convierte en ambiguo y dudoso. No está sin mancha, el tiempo y la pasión lo marcan y poco de él llegará a perdurar y a mantenerse. (¡Pero así sucede con la mayor parte del arte contemporáneo!) A pesar de todo, se puede gozar con lo que hay de grande en él, pero con una condición: no perderse ni convertirse en un adicto del mundo de Dehmel, un mundo infinitamente receloso, lleno de adulterio y enredo, y muy lejos de los auténticos destinos que infligen más dolor que estas efímeras confusiones, pero que también dan más oportunidad a la grandeza y más valor para la eternidad.

Finalmente, en lo que se refiere a mis libros, me gustaría enviarle a usted todos los que pudieran alegrarle de alguna manera. Pero soy muy pobre y mis libros, una vez publicados, no me pertenecen. Yo mismo no me los puedo comprar y, como muy a menudo quisiera, regalarlos a aquellas personas que pudieran amarlos.

Por eso le copio a usted en una nota el título y editorial de mis libros publicados últimamente (los más recientes, porque, en total, han visto la luz unos doce o trece) y tengo que dejar en sus manos, querido señor, que, cuando tenga la oportunidad, encargue alguno de ellos.

Sé que mis libros se sentirán a gusto con usted.

Con mis mejores deseos.

Suyo,

Rainer Maria Rilke

Carta Número 4 ༄

Temporalmente en Worpswede, cerca de Bremen
16 de julio de 1903

He dejado París hace unos días, cansado y padeciendo mucho, para dirigirme a una gran llanura del norte, cuya amplitud, calma y cielo han de devolverme la salud. Pero me he adentrado en una lluvia interminable que hoy, por primera vez, quiere aclararse un poco sobre esta inquieta y dolida tierra. Y aprovecho este primer rayo de luz para saludarle, querido señor.

Muy querido señor Kappus, he dejado una carta suya largo tiempo sin respuesta. No la he olvidado, al contrario. Es una de aquellas cartas que siempre se releen cuando se la encuentra entre otras, y en ella le he reconocido de cerca, como alguien muy próximo. Era la carta del dos de mayo. Seguro que la recuerda. Cuando la releo, como hago ahora, en medio del gran sosiego de esta lejanía, me llega al alma su hermosa preocupación por la vida, aún más de lo que ya me había conmovido en París, donde todo resuena y retumba de otro modo, a causa del excesivo ruido que hace temblar las cosas.

Aquí, donde me rodea una tierra poderosa, sobre la que soplan los vientos arrastrados desde el mar, siento que ningún ser humano puede responder a ninguna de las preguntas y sensaciones que, en su profundidad, tienen vida propia. Porque incluso los mejores se equivocan con las palabras cuando quieren nombrar lo más sutil e indecible. Pero creo también que no deben quedar sin solución si se ciñe a cosas que se parecen a las que ahora dan descanso a mis ojos; si atiende a la naturaleza, a lo sencillo que hay en ella, a lo pequeño, a lo que casi nadie ve y que tan súbitamente puede transformarse en algo grande y sin medida; si usted ama lo menudo, y con toda sencillez busca como un servidor ganarse la confianza de lo que parece pobre, todo se le volverá más fácil, más unificado, tal vez no en el entendimiento, que siempre retrocede sorprendido, pero sí en su más íntima conciencia, en su estar despierto y atento, en su íntimo saber de la vida.

Usted es tan joven, está tan lejos de toda iniciación, que quisiera pedirle, lo mejor que sé, querido señor, que tenga paciencia con lo que no está aún resuelto en su corazón y que intente amar las preguntas por sí mismas, como habitaciones cerradas o libros escritos en una lengua muy extraña. No busque ahora las respuestas: no le pueden ser dadas, porque no podría vivirlas. Y se trata de vivirlo todo. Viva ahora las preguntas. Quizá después, poco a poco, un día lejano, sin advertirlo, se adentrará en la respuesta. Quizá lleve usted en sí mismo la posibilidad de formar y crear como una manera de vivir especialmente feliz y auténtica. Prepárese para ella, pero acepte todo lo que venga con absoluta confianza. Y siempre que algo surja de su propia voluntad, de alguna honda necesidad, acéptelo como tal y no lo odie.

El sexo es difícil, sí. Pero todo lo que nos ha sido encomendado es difícil,[1] casi todo lo serio es

---

1. *Schwer*, el adjetivo que Rilke utiliza a menudo, significa «difícil», pero también «grave», «pesado», es decir se aplica a todo aquello que, porque pesa, se dirige al centro. Por eso hay que mantenerse en lo «difícil». Por lo mismo, utilizaremos a veces dos adjetivos «difícil y pesado» para traducirlo cuando el contexto lo exija. *(N. del T.)*

difícil y todo es serio. Si usted lo reconoce y desde sí mismo, desde su propia posición y forma de ser, desde su propia experiencia, infancia y fuerza, consigue encontrar una relación con lo sexual que le sea absolutamente propia, no influida por los convencionalismos ni por las modas, no ha de temer perderse ni hacerse indigno de su mayor bien.

La voluptuosidad corporal es una experiencia plena, no diferente del puro mirar o de la mera sensación con la que una hermosa fruta llena la lengua; es una experiencia grande e infinita que nos es dada, un conocimiento del mundo, la realización y el esplendor de todo saber. Y no es malo que la acojamos; lo malo es que casi todos hacen mal uso y despilfarran esta experiencia colocándola como estímulo en lo más fatigado de la vida y como dispersión en vez de ser concentración en el punto más alto. Los seres humanos también han convertido el comer en algo distinto. De un lado, la miseria; del otro, el exceso, han enturbiado las profundas y simples necesidades mediante las cuales se renueva la vida. Pero el individuo puede aclararlas para sí y puede vivir en la claridad (y si no el individuo, que es demasiado dependiente, sí, en cambio, el solitario). Puede recordar que toda belleza en los animales y en las plantas es una forma perdurable y silenciosa del amor y del deseo y puede ver a los animales, como ve a las plantas, uniéndose paciente y gustosamente, multiplicándose y creciendo no a causa del placer ni del dolor físicos, sino obedeciendo a necesidades mayores que el placer y el dolor y que son más poderosas que la voluntad y la resistencia. ¡Ojalá que el ser humano perciba este secreto que llena el mundo hasta en lo más pequeño, que lo lleve en sí, lo soporte y sienta qué terriblemente difícil es en vez de vivirlo tan a la ligera! ¡Ojalá respete su propia fecundidad, que es sólo una, aunque se presente como espiritual o corporal! Porque también la creación espiritual procede de la física, forma un solo ser con ella, y es como una repetición más tenue, más asombrada y más eterna, de la voluptuosidad corporal.

«El pensamiento de ser creador, de engendrar, de plasmar», es nada sin la consiguiente gran confirmación y verificación en el mundo, nada sin la aprobación en mil formas distintas de animales y cosas; y su gozo es tan indescriptiblemente her-

moso y rico porque desborda de recuerdos here-
dados de la concepción y del parto de millones de
seres. En un pensamiento creador reviven mil
noches de amor olvidadas que lo colman de gran-
deza y de elevación. Y aquellos que, de noche, se
reúnen y entrelazan con mecida voluptuosidad,
realizan un trabajo serio y acumulan dulzura, pro-
fundidad y fuerza para la canción de algún poeta
que ha de venir y que surgirá para cantar delicias
indecibles. Y conjuran el futuro; y aunque se equi-
voquen y se abracen a ciegas, el futuro acude, un
ser nuevo se levanta, y en lo hondo del azar, que
aquí parece consumarse, se despierta la ley por la
que una semilla más fuerte y resistente se abre
paso hacia el óvulo que, abierto, sale a su encuen-
tro. No se deje engañar por la superficie. En lo
profundo todo es ley. Y los que viven el secreto
mal y falsamente (y son muchísimos), lo pierden
sólo para sí mismos, pues lo pasan a otros como
una carta cerrada, sin leerla. Y no se desconcierte
ante la multiplicidad de nombres y la complejidad
de las cosas. Quizá por encima de todo haya una
gran maternidad como un anhelo común. La
belleza de la virgen, un ser (que como usted tan

hermosamente dice) «aún no ha realizado nada», es maternidad que presiente y se prepara, que teme y ansía. Y la belleza de la madre es maternidad entregada. Y la de la anciana es un gran recuerdo. Y pienso que también hay maternidad en el varón, una maternidad corporal y espiritual; su engendrar es también una forma de dar a luz, y dar a luz es crear desde la plenitud más íntima. Quizá los sexos estén más emparentados de lo que se cree y la gran renovación del mundo consistirá, quizá, en que el hombre y la mujer, liberados de todos los sentimientos erróneos y de todas las desganas, no se buscarán como opuestos, sino como hermanos y vecinos; y se realizarán juntos como personas, a fin de llevar conjuntamente, con seriedad y paciencia, el sexo, que es difícil y que les ha sido impuesto.

Pero lo que quizás algún día sea posible para muchos, el solitario puede prepararlo y construirlo con sus manos, que se equivocan, sí, pero menos. Por eso, querido señor, ame su soledad y soporte el dolor que causa. Que su queja resuene con belleza. Pues los que están cerca, dice usted, en realidad están lejos, lo cual demuestra que empieza a abrírsele una gran amplitud a su alrededor. Y cuando a sus seres próximos los sienta lejos, su amplitud lindará ya con las estrellas y será grande; alégrese de su propio crecimiento: en él no podrá llevar a nadie consigo, y sea tolerante con los que quedan rezagados. Muéstrese tranquilo y seguro ante ellos. No les atormente con sus dudas y no les asuste con su confianza o con su inmensa alegría. No las pueden entender. Busque compartir con ellos algún tipo de camaradería sencilla y sincera, que no cambiará forzosamente cuando usted se transforme. Ame en ellos la vida que se le presenta en forma extraña y sea indulgente con los que envejecen y temen la soledad, en la que justamente usted confía. Evite incrementar el drama siempre tenso entre padres e hijos. Les roba mucha fuerza a los hijos y agota el amor de los padres, que es eficaz y cálido, aunque no comprenda. No les exija ningún consejo y no cuente con ninguna comprensión de su parte, pero crea en su amor que le ha sido reservado como una herencia: en ese amor hay una fuerza y una bendición, de las que no tendrá necesidad de salirse para ir muy lejos.

Por lo pronto, es bueno que desemboque en una profesión que le independice y le centre por completo en sí mismo en todos los sentidos. Aguarde con paciencia hasta ver si su vida interior se siente limitada por esa profesión. Pienso que es muy difícil y llena de exigencias, ya que está cargada de enormes convencionalismos y apenas deja resquicio para una interpretación personal de las tareas. Pero su soledad, en medio de relaciones muy extrañas, le será también apoyo y hogar. Desde ella encontrará usted todos sus caminos. Todos mis deseos están dispuestos a acompañarle y mi confianza va con usted.

Suyo,

Rainer Maria Rilke

Carta Número 5 ☙

Querido y apreciado señor:

Su carta del 29 de agosto la recibí en Florencia y ahora, dos meses después, le hablo de ella. Excúseme este retraso, pero no me gusta escribir cartas cuando estoy de viaje, porque para mi correspondencia necesito algo más que el instrumental imprescindible. Requiero algo de silencio y soledad y un momento que no me sea completamente extraño.

Llegué a Roma hace aproximadamente seis semanas, en un tiempo en el que la ciudad era todavía la Roma vacía, calurosa, desconcertada por la fiebre, y esta circunstancia, junto con otras dificultades de instalación de tipo práctico, provocaron que la intranquilidad en torno nuestro no quisiera llegar a su fin: el país extranjero se extendía sobre nosotros con todo el peso de la expatriación.

A esto hay que añadir que Roma (cuando no se la conoce todavía) en los primeros días produce una agobiante tristeza por el ambiente de museo turbio y falto de vida que exhala, por la opulencia de sus pasados sacados a la luz y trabajosamente conservados, de los que se alimenta un mediocre presente; por la falsa sobrevaloración, fomentada por estudiosos y filólogos e imitada por los habitualmente numerosos viajeros de Italia, por todas esta cosas desfiguradas y corruptas que, en el fondo, no son más que restos casuales de otro tiempo y de otra vida que no es la nuestra ni debe serlo. Finalmente, tras semanas de resistencia diaria, uno se encuentra de nuevo, aunque todavía un tanto confuso, consigo mismo y se dice: no, no existe aquí más belleza que en cualquier otro lugar, y todos estos objetos siempre repetidamente admirados por generaciones, que manos de peón de albañil han restaurado y reparado, no significan nada, no son nada, no tienen corazón ni valor; pero aquí hay mucha belleza, porque en todas partes abunda la belleza. Aguas inagotables, infinitamente llenas de vida, van por antiguos acueductos hacia la gran ciudad, y danzan en muchas plazas sobre conchas blancas de piedra y se extienden en amplios y espaciosos cuencos, y murmuran de día y realzan su murmullo de noche, que aquí es grande, estrellada y dulce a causa de los vientos. Y hay jardines, inolvidables alamedas y escalinatas, escaleras de piedra concebidas por Miguel Ángel, escaleras construidas imitando las aguas que caen en declive ancho, surgiendo peldaño a peldaño como de ola en ola.

Con tales impresiones, uno se recoge a meditar, se recupera de nuevo para sí mismo de la multitud pretenciosa que allí habla y habla (¡y qué charlatana es!) y aprende lentamente a reconocer las muy escasas cosas en las que lo eterno, que se puede amar, perdura, y en las que lo solitario permite participar calladamente.

Todavía vivo en la ciudad, cerca del Capitolio, no lejos de la más hermosa escultura ecuestre del arte romano, la de Marco Aurelio. Pero dentro de algunas semanas me mudaré a un espacio sencillo y tranquilo, un viejo ático situado en la profundidad de un gran bosque perdido, retirado de la ciudad, de su tráfago y ruidos. Allí viviré todo el invierno, y disfrutaré del gran silencio, del que espero el regalo de buenas y laboriosas horas... Desde allí, donde me sentiré más en casa, le escribiré a usted una carta más larga, donde le comentaré sus trabajos. Hoy sólo tengo que decirle (y tal vez es injusto que no lo haya hecho antes) que el libro que me anuncia en su carta (aquel que contiene algún trabajo suyo) no me ha llegado. ¿Le ha sido devuelto, tal vez desde Worpswede? (Pues no está permitido reexpedir paquetes al extranjero.) Esta posibilidad es la más convincente, y me gustaría que se confirmara. Espero que no se trate de un extravío —que contando con el funcionamiento del correo italiano no sería nada excepcional, por desgracia—. Me hubiera gustado recibir ese libro (como todo lo que me da señales de usted); y los versos, que entre tanto le vayan surgiendo, los leeré (si usted me los confía) y los releeré y viviré tan a fondo y tan sinceramente como pueda.

Con mis buenos deseos y saludos,

Suyo,

Rainer Maria Rilke

Carta Número 6 ⅋

Roma, 23 de diciembre de 1903

Mi querido señor Kappus:

No ha de faltarle un saludo mío cuando va a ser Navidad y usted, en medio de las fiestas, tendrá que soportar una soledad más difícil que la acostumbrada. Pero alégrese si se da cuenta de que esa soledad es grande; pues qué sería (pregúntese a sí mismo) una soledad que no fuera grande; sólo existe una, es inmensa y nada fácil de sobrellevar, y a casi todos les llegan aquellas horas en las que querrían de buena gana cambiarla por cualquier compañía, aunque fuera vulgar y anodina, por la apariencia de un reducido acuerdo con el primero que llega, con el más indigno... Pero quizá sea precisamente en tales horas cuando la soledad crece; pues su crecimiento es doloroso, como el crecimiento de los niños, y triste, como el comienzo de la primavera. Pero esto no debe desorientarlo. Lo que se requiere es sólo esto: soledad, una gran soledad interior. Andar a solas consigo mismo y no encontrar a nadie durante horas, eso es lo que se debe alcanzar. Estar solo como en la infancia, cuando los adultos pululaban alrededor, enredados con cosas que parecían grandes e importantes, porque los mayores siempre parecían muy atareados y no se comprendía nada de su actividad.

Y si un día uno se da cuenta de que sus ocupaciones son infelices, que la profesión se ha petrificado sin relación con la vida, ¿por qué no continuar mirando como un niño lo extraño, desde lo profundo del mundo propio, desde la amplitud de la propia soledad, que en sí misma es trabajo, jerarquía y profesión? ¿Por qué querer cambiar el sabio no-comprender de un niño por el rechazo y el menosprecio, cuando el no-comprender significa estar solo y, en cambio, el rechazo y el menosprecio significan participar en aquello mismo de lo que uno quiere apartarse? Piense usted, querido señor, en el mundo que lleva usted en sí mismo, y llame este pensar como usted prefiera —recuerdo de la propia infancia o anhelo de futuro— y esté simplemente atento a lo que se eleva en usted y colóquelo por encima de todo lo que observe a su alrededor. Su desarrollo interior es digno de todo su amor, en él debe usted trabajar y no ha de perder demasiado tiempo ni demasiado ánimo en justificar su posición ante los demás. ¿Quién le dice a usted que, después de todo, tenga una?

Su profesión es dura, lo sé. Sé que está llena de contradicciones, vi venir de lejos su queja y estaba seguro de que un día u otro aparecería. Ahora que ya está aquí no le puedo tranquilizar. Sólo le pido que considere si no sucede así con todas las restantes profesiones ¿No están llenas de exigencias, de hostilidad hacia el individuo, por decirlo así, impregnadas del odio de aquellos que, mudos y malhumorados, se han encontrado con un deber aburrido? La situación en la que tiene que vivir ahora no está más pesadamente lastrada con convenciones, prejuicios y errores que todas las demás profesiones; si hay alguna que aparente tener una mayor libertad, no hay ninguna que en sí misma, de manera amplia y espaciosa, esté en contacto con las cosas grandes que trenzan la verdadera vida. Sólo el solitario está sometido, como una cosa, a leyes profundas. Y si sale por la mañana, llena de acontecimientos, y si siente qué está sucediendo, se despojará de toda condición social, como si se hubiera muerto, aunque se encuentre en medio del tumulto de la vida.

Lo que usted, querido señor Kappus, ha de experimentar ahora como oficial del ejército, lo hubiera sentido de manera similar en cada una de las profesiones existentes. Es más, aunque usted, al margen de cualquier profesión, hubiese buscado sólo un contacto leve e independiente con la sociedad, no se le hubiese ahorrado este sentimiento de opresión. En todas partes es así y no hay motivo para el temor o la tristeza. Y si siente que no hay nada en común entre los demás y usted, intente aproximarse a las cosas, que nunca lo desampararán; todavía existen noches y vientos que van a través de los bosques y recorren muchos países; aún hay acontecimientos entre cosas y animales, en los cuales le está permitido participar, y los niños son así, como usted cuando era niño, tristes y felices. Y si usted piensa en su infancia, vivirá de nuevo con ellos, con los niños solitarios, porque los adultos no son nada y su dignidad no tiene ningún valor.

Y si a usted le llena de angustia o de ansiedad pensar en la infancia y en lo que en ella hay de sencillo y sosegado porque ya no puede creer en Dios que allí se encuentra por todas partes, pregúntese a sí mismo, querido señor Kappus, si de veras ha perdido a Dios. ¿No será más bien que no lo ha poseído nunca? Porque, ¿cuándo lo habría podido poseer? ¿Cree usted que un niño puede poseerlo a Él, al que los adultos sólo con esfuerzo soportan y cuyo peso oprime a los ancianos? ¿Cree usted que quien de verdad lo tiene lo puede perder como si se tratara de un guijarro? ¿O no opina que quien lo tuviera podría ser abandonado sólo por Él? Pero si usted reconoce que Él no estaba en su infancia ni tampoco antes, si usted intuye que Cristo fue confundido por su anhelo y Mahoma traicionado por su orgullo —y si siente con horror que ahora, cuando hablamos de Él, tampoco está, ¿qué le da derecho a añorar como un pasado a

Aquel que nunca existió y a buscarlo como si lo hubiera perdido?

¿Por qué no piensa en Él como el que viene, como el que se anuncia desde la eternidad, el futuro, el fruto definitivo de un árbol cuyas hojas somos nosotros? ¿Qué le impide a usted proyectar su nacimiento en los tiempos venideros y vivir su vida como un día doloroso y bello en la historia de un gran embarazo? Pues, ¿no ve como todo lo que sucede una y otra vez es sólo un inicio, y no podría ser Su inicio, ya que comenzar es siempre tan hermoso? Si Él es el más perfecto, ¿no debe estar lo inferior ante Él para que pueda escogerse entre toda la plenitud y la abundancia? ¿No debe ser Él el último para abarcarlo todo en sí mismo? ¿Y qué sentido tendríamos nosotros si Aquel que anhelamos ya hubiera existido?

Como abejas que recogen la miel, nosotros reunimos lo más dulce y lo edificamos a Él. Con lo más diminuto incluso, con lo imperceptible (si acontece sólo por amor), con el trabajo y con el reposo, con un silencio o con una pequeña y solitaria dicha, con todo lo que hacemos solos, sin participantes ni adeptos, lo comenzamos a Él, al que no llegaremos a ver, de la misma forma que nuestros antepasados no pudieron vernos tampoco a nosotros. Y, sin embargo, estos antepasados están en nosotros como fundamento, como lastre en nuestro destino, como sangre que bulle y como además que se eleva desde las profundidades del tiempo.

¿Existe algo que le pueda arrebatar la esperanza de ser uno en Él, el más lejano, el máximamente remoto?

Celebre usted, querido señor Kappus, la Navidad con este alegre sentimiento. Que quizá necesita Él precisamente esta angustia vital suya para comenzar; justamente, estos días de su tránsito son quizá el tiempo en que todo en usted trabaja por Él. Sea paciente y no se enoje, y piense que lo menos que podemos hacer es no dificultarle su venida, igual que la tierra no pone obstáculos a la primavera cuando ésta quiere venir.

Y esté contento y confiado.

Suyo,

Rainer Maria Rilke

Roma, 14 de mayo de 1904

Mi querido señor Kappus:

Ha transcurrido mucho tiempo desde que recibí su última carta. No me lo tenga en cuenta: el trabajo, los trastornos y finalmente la salud delicada, repetidamente me mantuvieron apartado de esa respuesta que (así lo quería yo) debía llegarle de días buenos y tranquilos. Ahora, vuelvo a sentirme algo mejor (el comienzo de la primavera con sus variaciones dañinas y caprichosas, duras de soportar, también se hizo sentir aquí) y le saludo, querido señor Kappus, y paso a comentarle (cosa que sinceramente hago de buena gana) su carta, lo mejor que sé.

Vea usted, he copiado su soneto, porque lo encontré hermoso y sencillo y nacido con gracia serena. Son los mejores versos que he leído de usted. Y ahora le envío una copia porque sé que es una experiencia importante y plena reencontrar un trabajo propio escrito con letra ajena. Lea los versos como si no fueran suyos y sentirá en su interior con qué fuerza le son propios.

Ha sido una alegría para mí leer repetidamente ese soneto y su carta; le doy las gracias por ambas cosas.

No se deje extraviar en su soledad porque haya algo en usted que desee salirse de ella. Precisamente este deseo, si lo utiliza tranquila y reflexivamente como una herramienta, le ayudará a ampliar su soledad por un vasto territorio. La gente (con la ayuda de los convencionalismos) lo tiene todo resuelto de la forma más fácil, siguiendo el aspecto más fácil de lo fácil; pero está claro que nosotros debemos mantenernos en lo difícil y pesado: todo lo vivo se sujeta a ello, todo en la naturaleza crece y se defiende según su índole propia y se convierte en un ser particular, intenta serlo a cualquier precio y contra toda oposición. Poco sabemos, pero que debamos mantenernos en lo difícil y grávido es una seguridad que no nos abandonará; es bueno estar solo, pues la soledad es difícil; que algo sea difícil ha de ser para nosotros una razón de más para hacerlo.

También amar es bueno, pues el amor es difícil. Amarse de persona a persona es quizá lo más difícil de todo lo que nos ha sido encomendado, lo más avanzado, la última prueba y examen, el trabajo por excelencia, para el que todo otro trabajo es sólo preparación. Por eso los jóvenes, que son principiantes en todo, todavía no conocen el amor: tienen que aprenderlo. Con todas sus fuerzas, con todo su ser reunido en torno a un corazón solitario, inquieto, latiendo hacia arriba, tienen que aprender a amar. El tiempo del aprendizaje es siempre largo y hermético. De este modo, amar será durante mucho tiempo y a lo largo de la vida, soledad, recogimiento prolongado y profundo para aquel que ama. Amar, sobre todo, no es nada que signifique evadirse de sí mismo, darse y unirse a otro, porque ¿qué sería la unión de unos seres aún turbios, incompletos, confusos? Amar es una sublime oportunidad para que el individuo madure, para llegar a ser algo en sí mismo. Convertirse en un mundo, transformarse en un mundo para sí por amor a otro, es una pretensión grande y modesta a la vez, algo que elige y que da vocación y amplitud. Sólo en este sentido, como tarea para trabajar en uno mismo («escuchar y martillear noche y día») les está permitido usar a los jóvenes el amor que les ha sido dado. Exteriorizarse, crear cualquier tipo de comunidad, no es para ellos (que aún han de ahorrar y reunir durante mucho, mucho tiempo), es lo último, lo definitivo. Para conseguirlo, apenas hay bastante con toda una vida humana.

Por esto, los jóvenes suelen equivocarse tan desdichadamente. La impaciencia (que es parte constitutiva de su naturaleza) hace que se arrojen en brazos de otro cuando viene la crecida del amor, que se prodiguen tal como son con toda su turbulencia, desorden y confusión ¿Qué puede, pues, ocurrir? ¿Qué puede hacer la vida con esa tropa de semifrustrados que ellos llaman su comunidad, que lo querrían llamar su felicidad y, si pudieran, su futuro? Y así cada uno se pierde a sí mismo por amor del otro y pierde al otro y a otros muchos que querrían venir. Y pierde la amplitud, el horizonte y el futuro, cambia imperceptiblemente la ida y la vuelta, situaciones henchidas de presentimientos por una perplejidad estéril de la que ya no puede salir nada bueno, nada que no sea náusea, decepción, mediocridad y caída en una de las infinitas convenciones que, como refugios colectivos, se disponen abundantemente en este camino tan peligroso. No hay ámbito de la experiencia humana tan bien surtido de convenciones como éste, donde aparecen multiplicadas en forma de chalecos salvavidas, lanchas y flotadores. La opinión colectiva ha sabido crear refugios de todo tipo, porque, inclinada a tomar la vida amorosa como un placer, tenía que convertirla en algo fácil, barato, sin riesgos, seguro, como las diversiones públicas.

Ciertamente, muchos jóvenes que aman falsamente, es decir, faltos de soledad, entregándose sin discernimiento, extrovertidamente —el término medio se queda siempre en este punto—, sienten algo semejante a la opresión de una falta y quieren transformar el estado en que han caído convirtiéndolo, por sus propios medios, en algo fértil y vivo; pues su naturaleza les dice que las preguntas del amor, menos que otras, también esenciales, no pueden ser resueltas públicamente ni de acuerdo con ningún convencionalismo; que son preguntas, preguntas inmediatas de persona a persona, que requieren en cada caso respuestas nuevas, únicas, exclusivamente personales. Pero los que se han arrojado juntos, que ya no se delimitan ni se diferencian, que ya no poseen nada propio, ¿cómo podrán encontrar una salida que les surja de dentro, desde la hondura de su derruida soledad?

Provienen de un común desamparo y cuando con la mejor voluntad pretenden evitar la convención que les escandaliza (como el matrimonio), van a dar en los tentáculos de una solución menos pública, pero igualmente rutinaria y mortal; en su entorno y en un círculo muy amplio, todo se ha convertido en convención, porque cualquier acto que tiene su origen en una amalgama confusa, prematuramente trenzada, se vuelve convencional. Cualquier relación turbia posee una convención propia por insólita que sea (es decir, por inmoral en el sentido corriente de la palabra). Incluso la separación sería aquí un paso convencional, una fortuita decisión impersonal sin fuerza ni fruto.

Quien observe con seriedad encontrará que, como para la muerte, que es difícil, tampoco para el difícil amor se ha encontrado ninguna aclaración, ninguna solución, indicación o camino. Y para estas dos tareas que de manera velada llevamos en nosotros y transmitimos sin descubrirlas, no se ha podido encontrar ninguna regla basada en un acuerdo colectivo. No obstante, a medida que como individuos empecemos a vivir, estas grandes cosas nos acogerán con mayor cercanía a nosotros, los solitarios. Las exigencias que el difícil trabajo de amor impone a nuestro desarrollo sobrepasan a la vida; y nosotros, como principiantes, no estamos a su altura. Sin embargo, si soportamos y hacemos nuestro ese amor como carga y tiempo de aprendizaje, en vez de perdernos en el juego fácil y frívolo tras el que la humanidad se ha escondido de lo más tremendamente serio de su existir, lograremos un pequeño avance y un alivio, quizá perceptible para los que vendrán mucho después de nosotros. Esto ya sería mucho...

Llegamos precisamente al punto en que por primera vez contemplamos la relación de una soledad con otra, sin prejuicios y objetivamente; y nuestros intentos de vivir dicha relación no tienen ningún modelo previo. Pero en el curso del tiempo parece que se muestra algo que quiere ayudar a nuestra vacilante condición de principiantes.

La muchacha y la mujer, en su nuevo y peculiar desarrollo, serán sólo pasajeramente repetidoras de los vicios y virtudes del varón e imitadoras de profesiones masculinas. Después de la inseguridad de este tránsito, se mostrará que las mujeres habrán pasado por esos numerosos y variados (a menudo ridículos) disfraces sólo para purificar su propio ser de las influencias deformantes del otro sexo. Las mujeres, en las que la vida permanece y habita más directa, fértil y confiadamente, tienen que haber llegado a ser en profundidad seres más maduros, más humanos, que el liviano varón, que no se siente atraído más allá de la superficie de la vida por el peso de ningún fruto corporal y que, presuntuoso y apresurado, subestima lo que cree amar.

Esta humanidad de la mujer, vivida en el dolor y en la humillación, verá la luz cuando se haya despojado de las convenciones de lo únicamente femenino en las transformaciones de su estado y condición; y los hombres, que aún no lo sienten venir, se sentirán sorprendidos y derrotados. Un día, (en los países nórdicos ya hay signos fiables que hablan de ello y lo indican), un día, la muchacha y la mujer *serán*. Su nombre no significará ya una mera oposición a lo masculino, sino algo por sí mismo, algo que no sugerirá ya complemento o límite y sí, en cambio, vida y existencia, la persona femenina.

Este progreso transformará la vida amorosa, que ahora está llena de errores, la transformará desde la raíz (muy en contra de la voluntad de los varones anticuados), la reconstruirá en una relación de persona a persona y ya no de hombre a mujer. Y este amor humano (que se desarrollará con delicadeza infinita y discreta, que se hará bueno y claro tanto al ligarse como al desligarse) se parecerá a aquel que preparamos con trabajo y esfuerzo, aquel amor que consiste en que dos soledades se protejan, delimiten y respeten mutuamente.

Una palabra más. No crea usted que aquel gran amor que de niño le fue entregado, se haya perdido. ¿Puede decir si en aquel tiempo no madu-

raron en usted grandes y buenos deseos y deter-
minaciones de las que todavía hoy vive? Yo creo
que aquel amor permanece fuerte y poderoso en
su recuerdo, porque fue su primera y profunda
soledad y el primer trabajo interior que usted rea-
lizó en su vida.

Mis mejores deseos para usted, querido
señor Kappus.

Rainer Maria Rilke

Soneto

A través de mi vida tiembla sin sollozo,
sin lamento, un profundo dolor.
La sangrante nieve pura de mis sueños
alimento es de mis días más callados.
Pero a menudo la gran pregunta cruza
mi camino. Me haré pequeño y frío
y pasaré como por sobre un mar,
cuya marea no me atrevo a medir.
Después, desciende de mí una pena tan turbia
como el gris sin brillo de las noches de verano
que una estrella centelleante atraviesa
                              —alguna vez—
Mis manos buscan el amor
que no puede hallar mi ardiente boca,
y quisiera en voz bien alta rezar.

Borgeby gard, Flädie, Suecia
12 de agosto de 1904

Quiero hablarle de nuevo un rato, querido señor Kappus, aunque no pueda decir casi nada que le sirva de ayuda o le sea provechoso. Usted ha sufrido muchas y grandes tristezas que ya pasaron. Y dice que la experiencia fue para usted difícil e incómoda. Pero, se lo ruego, reflexione usted si esas grandes tristezas no le atravesaron más bien en su mismo centro. ¿Acaso no se han transformado muchas cosas en usted? ¿Acaso no ha cambiado usted en algún lugar de su ser mientras padecía la tristeza? Peligrosas y malas son sólo aquellas tristezas que uno arrastra entre la gente para mitigarlas; como enfermedades tratadas de manera superficial y necia, se retiran un instante para volver a presentarse e irrumpir de forma mucho más temible; y se acumulan en el interior, y son vida, vida no vivida, vida rechazada y perdida, por la que se puede morir.

Si nos fuera posible ver más allá de lo que alcanza nuestro conocimiento y un poco por encima de la avanzadilla de nuestros presentimientos, quizá llegaríamos a soportar nuestras tristezas con mayor confianza que nuestras alegrías. Pues son momentos en los que algo nuevo se ha introducido en nosotros, algo desconocido. Nuestros sentidos enmudecen con tímido encogimiento, todo en nosotros se retrae, nace un silencio y lo nuevo, lo que nadie conoce, se yergue en el centro y calla.

Yo creo que casi todas nuestras tristezas son momentos de tensión que nosotros percibimos como parálisis, porque ya no sentimos la vida de nuestros sentidos alienados. Porque estamos solos con el extraño que se nos ha introducido; porque, por un momento, se nos arrebata todo lo habitual y lo que nos inspiraba confianza; porque nos encontramos en una encrucijada donde no podemos permanecer.

Por ello, también la tristeza pasa: lo nuevo en nosotros, lo que nos ha llegado, se ha introducido en nuestro corazón, ha llegado a su cámara más recóndita y tampoco está allí; se encuentra en la sangre. Y no experimentamos qué ha sido. Se nos podría hacer creer fácilmente que nada ha ocurrido y, sin embargo, hemos cambiado como cambia una casa en la que ha entrado un huésped. No podemos decir quién ha llegado, tal vez no lo sepamos nunca, pero muchos indicios hablan del futuro que acaba de entrar para transformarse en nosotros, mucho antes de que acontezca y se manifieste.

Por eso es tan importante estar solo y atento cuando se está triste; porque el instante aparentemente perplejo y vacío de acontecimientos en el que nuestro futuro nos alcanza, está mucho más próximo a la vida que aquel otro, ruidoso y fortuito, en que se nos presenta como venido de fuera.

Cuanto más silenciosos, pacientes y abiertos nos mantengamos en la tristeza, más profunda y certeramente se introducirá lo nuevo en nosotros, mejor lo heredaremos y en mayor medida será *nuestro* destino. Y cuando un día lejano, «se realice» (es decir, cuando pase desde nuestro interior hacia los demás), lo sentiremos cercano y familiar en lo más íntimo.

Sólo una cosa nos es necesaria. Y es que nada extraño nos ocurra, nada que no sea aquello que desde hace mucho tiempo nos pertenece (y hacia aquí se orientará poco a poco nuestro desarrollo). Ya se ha tenido que modificar la noción de movimiento; poco a poco se llegará también a reconocer que lo que llamamos destino surge de los seres humanos y que no les viene de fuera. Sólo porque muchos no absorbieron el destino ni lo transformaron en sangre propia mientras vivía en ellos, no lo reconocieron cuando surgió de ellos; les era tan extraño que, en su alocado espanto, consideraron que había tenido que llegarles justo entonces, pues juraban y perjuraban que nunca habían encontrado antes algo similar en sí mismos. De la misma forma que nos hemos engañado durante largo tiempo sobre el movimiento del sol, también seguimos estando equivocados acerca del movimiento del porvenir. El futuro permanece firme, querido señor Kappus, pero nosotros nos movemos en un espacio infinito.

¿Cómo no había de sernos difícil?

Y si volvemos a hablar de la soledad, se hará más claro que, vista de cerca, la soledad no es algo que se pueda dejar o tomar. *Somos* soledad. Uno se puede equivocar en esto y hacer como si no fuera así. Esto es todo. No obstante, es mucho mejor reconocerlo y, lo que es más, vivir a partir de tal reconocimiento. Ciertamente, nos dará vueltas la cabeza, pues todos los puntos donde nuestros ojos descansaban nos habrán sido arrebatados; ya no habrá nada que esté cerca, y todo lo lejano estará infinitamente lejos. Aquel que, sin preparación ni tránsito, fuera trasladado de su habitación a lo más alto de una montaña, sentiría algo semejante: una inseguridad sin par, un sentirse a merced de lo innombrable casi lo aniquilarían. Llegaría a pensar que se cae, a creerse arrojado fuera del espacio o a verse reducido en mil pedazos. ¡Cuántas grandiosas mentiras no tendría que contarse su cerebro para poder abrazar la situación y explicarla a sus sentidos! Y así se modifican todas las distancias y medidas para quien se convierte en un solitario. Muchas de estas metamorfosis son súbitas, y como en aquel que repentinamente se encuentra en lo alto de un monte, surgen extrañas fantasías, sensaciones tan extrañas que parecen haber crecido más allá de todo lo soportable. Pero es muy importante que vivamos también *esto*. Hemos de aceptar nuestra existencia tan ampliamente como nos sea posible. Todo, incluso lo inaudito, ha de ser posible. Esto es lo fundamental, el único valor que se nos exige: ser valientes ante lo más extraño, maravilloso e inexplicable que nos pueda acontecer. Que los seres humanos sean cobardes en este sentido, causa un daño infinito a la vida; las experiencias que llamamos «apariciones», todo el llamado «mundo de los espíritus», la muerte, todas estas cosas tan emparentadas con nosotros, hasta tal punto han sido expulsadas de la vida por un rechazo realizado día a día, que los sentidos con los que podríamos percibirlas, se han atrofiado. Para no hablar de Dios. Pero el miedo ante lo inexplicable no sólo ha empobrecido el ser del individuo, sino que también las relaciones de persona a persona se han mutilado por su causa, como si se las hubiera extraído del cauce de las infinitas posibilidades para ser llevadas a una orilla baldía, en la que nada ocurre. Pues no sólo la indolencia hace que las relaciones humanas se repitan en cada caso de forma tan indeciblemente monótona y repetitiva, sino que existe también otra causa: el temor a cualquier acontecimiento nuevo, imprevisible, ante el que no se cree estar a su altura. Pero sólo quien está dispuesto a todo, quien no cierra la puerta a nada, ni siquiera a lo más enigmático, vivirá la relación con el otro como algo vivo y ahondará en sí mismo. Pues si concebimos la naturaleza del ser individual como una habitación más o menos grande, veremos que la mayoría sólo conoce una esquina, una ventana, una franja por la que repetidamente va y viene. Así se tiene una cierta seguridad. No obstante, es mucho más humana la inseguridad llena de peligros de aquel preso en el cuento de Poe, que le empuja a explorar las formas de su terrorífica celda y a no sentirse extraño ante el indecible horror de su estancia.

Pero nosotros no estamos presos. En torno nuestro no hay cepos ni trampas y no hay nada que deba asustarnos o torturarnos. Estamos puestos en la vida como en el elemento más afín y hemos llegado a hacernos tan similares a ella a través de siglos de adaptación que, si nos mantenemos en calma y en silencio, gracias a un feliz mimetismo, casi no se nos puede diferenciar de ella. No tenemos ningún fundamento para desconfiar de nuestro mundo, ya que no está contra nosotros. Si tiene miedos, son sólo nuestros miedos; si tiene abismos, esos abismos nos pertenecen; si hay peligros, debemos intentar amarlos. Y si disponemos nuestra vida según el principio que nos aconseja mantenernos siempre en lo difícil, lo que nos parecía extraño, se nos transformará en algo infinitamente fiel y digno de toda confianza. ¿Cómo hemos podido olvidar los viejos mitos que se yerguen en el comienzo de todos los pueblos, los mitos de aquellos dragones que en el instante supremo se transforman en princesas? Quizá todos los dragones de nuestra vida sean princesas que sólo esperan vernos una vez hermosos y valientes. Quizá todo lo horrible, en el fondo, sea sólo una forma de desamparo que solicita nuestra ayuda.

Así, pues, no tiene de qué asustarse, querido señor Kappus, si ante usted se alza una tristeza tan grande como nunca la haya sentido; o si una inquietud como luz o sombra de nubes cae sobre sus manos y hace efecto en usted. Tiene que pensar que algo le acontece, que la vida no le ha olvidado, que lo tiene en sus manos y que no le dejará caer. ¿Por qué quiere excluir de su vida toda inquietud, dolor o melancolía? ¿Ignora que tales estados trabajan en usted? ¿Por qué quiere acosarse a sí mismo con preguntas sobre su origen y su fin? Usted sabe que se halla en una encrucijada y que no deseaba otra cosa que no fuera transformarse. Si en su proceso interior contrae una enfermedad, piense que la enfermedad es el medio del que se sirve el organismo para liberarse de lo extraño; limítese a ayudarle a estar enfermo, a dejar que aflore y estalle toda su enfermedad, pues ese es su progreso. ¡En usted, querido señor Kappus, están ocurriendo tantas cosas! Debe ser paciente como un enfermo y confiado como un convaleciente. Pues quizá sea usted ambas cosas. Y lo que es más, usted mismo es el médico que ha de velar por usted. Pero tenga en cuenta que en toda enfermedad hay días en los que el médico no puede hacer más que esperar. Y esto es lo que usted, en cuanto es su propio médico, sobre todo, debe hacer ahora.

No se observe demasiado. No saque conclusiones precipitadas acerca de lo que le está ocurriendo; deje simplemente que las cosas le sucedan. De lo contrario, llegará con demasiada facilidad a mirar su pasado con reproches (es decir, como un moralista); un pasado que, como es natural, forma parte de lo que ahora le está sucediendo. Los errores, deseos y nostalgias de su niñez que actúan ahora en usted, no es lo que usted recuerda y prejuzga. Las insólitas relaciones de una niñez solitaria y desamparada son tan difíciles, tan complicadas, tan sometidas a tantas influencias y, al mismo tiempo, tan desconectadas de toda real conexión con la vida, que cuando un vicio se introduce en ella, no se lo puede llamar vicio sin más. Hay que ser muy cauto con los nombres. Con frecuencia es el *nombre* de un crimen lo que hace naufragar una vida, y no la acción individual y sin nombre, que quizá no era más que una determinada necesidad de esa vida, la cual podía aceptar aquella acción con inocencia y sin esfuerzo. Y el esfuerzo necesario le parece a usted tan grande, porque sobrevalora la victoria; la victoria, lo que usted cree haber logrado, no es lo «grande», aunque sí tiene razón con su sentimiento; lo grande es que ya había algo allí, algo que podía colocar en el lugar de la antigua mentira, algo genuino y auténtico. Sin esto, su victoria habría sido también una reacción moralista, sin ningún significado ulterior. De esta forma, sin embargo, ha llegado a convertirse en parte de su vida. De su vida, querido señor Kappus, en la que pienso con tan buenos deseos. ¿Se acuerda usted de cómo a lo largo de su vida, desde la infancia, ha sentido nostalgia por lo «grande»? Ya veo cómo anhela desde lo grande lo máximo. Por eso, un anhelo así no cesa de ser difícil, pero, por lo mismo, tampoco dejará de crecer.

Y si algo más debo decirle es esto: no crea usted que el que intenta consolarle vive sin esfuerzo bajo las sosegadas y sencillas palabras que a usted a veces le hacen bien. La vida de quien las escribe tiene fatigas y tristezas y queda mucho más rezagada que la suya. Pero, de no ser así, no habría podido encontrar estas palabras.

Su

Rainer Maria Rilke

Furuborg, Jonsered, en Suecia.
4 de noviembre de 1904

Mi querido señor Kappus:

Todo este tiempo en que usted no ha recibido ninguna carta mía, he estado de viaje o tan ocupado que no le he podido escribir. Incluso hoy me resulta difícil hacerlo, porque he tenido que redactar muchas cartas y mi mano está cansada. Si pudiera dictar, le diría muchas cosas, pero como no es así, tome, se lo ruego, estas pocas palabras como si fueran una larga carta.

Suelo pensar en usted, querido señor Kappus, con tan concentrados deseos que, de alguna forma, estoy convencido de que, así, le puedo ayudar. En cambio, que mis cartas, en verdad, puedan servirle de ayuda… lo dudo muchas veces. No me diga: «sí, me ayudan». Tómelas con sencillez y sin excesivo agradecimiento y esperemos lo que quiera venir.

Quizá no sea provechoso que ahora trate con pormenor sus palabras, pues ¿qué le podría decir sobre su tendencia a la duda o sobre su incapacidad para armonizar la vida interior con la exterior? ¿o también acerca de todo lo que le oprime, que no le haya dicho ya? Deseo que encuentre la paciencia suficiente para soportar y la simplicidad necesaria para creer a fin de adquirir más confianza en lo que es difícil y en la soledad que de pronto le rodea por sorpresa en medio de la gente.

Por lo demás, deje que la vida vaya sucediendo y traiga lo que tenga que traer. Créame, la vida siempre, siempre tiene razón.

En cuanto a los sentimientos: son auténticos los que le concentran y elevan; impuro es el sentimiento que le agarra por una parte de su ser y así lo desfigura. Todo lo que usted pueda meditar acerca de su infancia, es bueno. Todo lo que le hace ser *más* de lo que era hasta ahora en sus mejores momentos, es acertado. Cada incremento es bueno si está en *toda* su sangre, si no es ebriedad o turbulencia, sino alegría que deja ver el fondo. ¿Comprende usted lo que le quiero decir?

Respecto a la duda: puede convertírsele en una buena cualidad *si la educa*. La duda ha de llegar a ser *sabia*, ha de convertirse en *crítica*. Pregúntele, siempre que quiera echarle algo a perder, pregúntele porqué es fea aquella cosa; pídale pruebas, sométala a examen y quizá la encuentre perpleja y desconcertada, quizá también irritada. Pero usted no ceda, exija argumentos.

Compórtese atenta y consecuentemente en todas las ocasiones; y llegará el día en que el destructor se convertirá en uno de sus mejores trabajadores, tal vez en el más inteligente de todos los que le edifican la vida.

Esto es lo que deseaba decirle hoy, querido señor Kappus. Al mismo tiempo le mando la copia impresa de un poema corto, que ahora ha sido publicado en el *Deutschen Arbeit* de Praga. Allí sigo hablándole de la vida y de la muerte, ambas, a la vez, grandes y maravillosas.

Suyo

Rainer Maria Rilke

Carta Número 10 ೞ

Usted ha de saber, querido señor Kappus, cuánto me alegró su hermosa carta. Las noticias que me daba, muy reales y precisas, me parecen buenas y cuanto más las medito más las percibo como objetivamente auténticas. En realidad, quería escribirle esto la víspera de Navidad. Pero a causa del ininterrumpido y múltiple trabajo en que vivo este invierno, la antigua fiesta transcurrió tan deprisa que apenas he tenido tiempo de realizar las tareas más urgentes y mucho menos para escribir.

Pero he pensado con frecuencia en usted estos días y me he imaginado qué tranquilo debe de sentirse en su solitario fortín en medio de desiertas montañas sobre las que se precipitan los grandes vientos del sur como si quisieran engullirlas a grandes bocados.

El silencio que acoge tales sonidos y movimientos debe de ser inmenso y si a todo esto se añade la lejana presencia del mar, que resuena en todo, tal vez, como el tono más íntimo de esta armonía más vieja que la historia, sólo le puedo desear que, lleno de confianza y de paciencia, deje obrar en usted esta grandiosa soledad que jamás se borrará de su vida y que, en todo lo que está a punto de vivir y de hacer, actuará como un influjo anónimo, constante, decisivo e imperceptible, de la misma forma, que, incansable, fluye en nosotros la sangre de nuestros antepasados, combinándose con lo que es nuestro para formar en cada recodo de nuestras vidas esa cualidad única e irrepetible que nos constituye.

Sí, me alegra que tenga esta existencia sólida y descriptible, ese grado, ese uniforme, ese servicio, todo eso tangible y limitado, que, en un entorno semejante, en medio de una tropa tan aislada como poco numerosa, adopta un aire de gravedad y necesidad, permite y crea, más allá de los pasatiempos y ocios de la profesión militar, una aplicación atenta y una atención independiente. Al fin y al cabo, lo único que necesitamos es encontrarnos en circunstancias que actúen sobre nosotros y que, de vez en cuando, nos coloquen ante inmensas manifestaciones naturales.

También el arte es sólo una manera de vivir y puede uno prepararse para él viviendo en la circunstancia que sea y sin darse cuenta. En todo lo real estamos más cerca del arte que en los oficios semiartísticos e irreales que, dándonos la ilusión de su proximidad, de hecho niegan su existencia y lo dañan, como sucede con todo el periodismo, con casi toda la crítica y con las tres cuartas partes de aquello que se llama o dice llamarse literatura. En una palabra, me alegra que haya superado ese peligro y se halle solo y animoso en una ruda realidad. Deseo que el año que está a punto de empezar le conserve y le afirme en ella.

Siempre suyo,

Rainer Maria Rilke

ÍNDICE